DE LA CHAMBRE
DES REPRÉSENTANS,

OU

EXAMEN RAISONNÉ

DE CE QU'ELLE A FAIT,

ET DES TORTS QU'ON LUI IMPUTE.

PAR UN DE SES MEMBRES.

Prix : 75 centimes pour Paris, et 1 franc pour les départemens franc de port.

A PARIS,

Chez GUYOT ET DEPELAFOL, Libraires, rue des Grands-Augustins, n° 21.

1815.

DE LA CHAMBRE

DES REPRÉSENTANS,

OU

EXAMEN RAISONNÉ

DE CE QU'ELLE A FAIT

ET DES TORTS QU'ON LUI IMPUTE.

PAR UN DE SES MEMBRES.

On a reproché à la Chambre *des Représentans* d'avoir été sans titre et sans mission ; d'avoir été dévouée à Napoléon Bonaparte, et d'avoir tout fait pour perpétuer l'usurpation dans cette famille. Un membre de la même Chambre, qui fut aussi, comme moi, membre de celle *des Députés*, s'est cru obligé de faire insérer dans les journaux qu'il y avait été nommé en son absence et à son insçu, mais qu'il n'y avait point siégé. D'après une semblable prévention, il semblerait que ceux qui en ont agi différemment, aient dû se demander compte de leurs motifs. Cette prévention m'a paru provenir surtout, de ce que les circons-tances extraordinaires, au milieu desquelles l'Assemblée des Représentans s'est trouvée , n'étaient pas assez bien connues, et même de ce que ses propres actes ont été quelquefois dénaturés. Il est donc permis et peut-être est – ce un devoir de rétablir les faits et de faire connaître la vérité.

Et moi aussi j'avais été nommé à la Chambre des Représentans *en mon absence et à mon insçu*, même par deux Colléges Électoraux de mon département ; (et j'ai quelque raison de croire qu'ils étaient en nombre légal.) Je l'avouerai pourtant, quoiquè flatté de cette nouvelle marque de confiance de mes concitoyens, j'hésitai sur le parti que je devais prendre : mon principal doute naissait de ma qualité de membre de la précédente Chambre, qui n'avait été qu'ajournée à la fatale époque du 20 mars. Mais après de mûres réflexions , je crus ne pouvoir me défendre d'accepter pour la gravité même des circonstances et pour mon attachement inaltérable au Roi. Cette différence de conduite entre des hommes unis par les mêmes sentimens, ne prouve autre chose sinon que nous n'aurons pas apprécié de la même manière le mandat que cette nouvelle crise avait fait nous donner. J'ai trouvé dans ma conscience, encore plus que dans ma raison , les motifs qui m'ont déterminé ; et j'y ai cédé de bonne foi. En tout cas , je n'ai voulu servir aucun parti ; je ne fus jamais le serviteur ni l'esclave d'aucun. Le seul que j'aie toujours reconnu , depuis l'abdication du mois de mars 1814, est celui du Roi et de la patrie. Je demande pardon si , dans ce petit écrit, principalement destiné à mes commettans et à quelques amis , je cite parfois des faits qui me sont personnels : outre qu'ils m'ont paru n'être pas étrangers à mon sujet, on voudra bien considérer que c'est ici un peu l'histoire de mes souvenirs et ma profession de foi politique.

Ex-membre de l'Assemblée Législative , où j'avais résisté de tout mon pouvoir au renversement de la monarchie , ensuite citoyen privé et comme en exil pendant toute la période la plus douloureuse de nos révolutions , je fus appelé au 18 *brumaire* (mars 1800) à des fonctions importantes que je n'avais pas demandées. Je remplis successivement , sous le consulat de Bonaparte , la Préfecture de la C..... et celle du M.........: Je l'y servis de mon mieux , à cette époque où il y avait quelque bien à faire et tant de maux à réparer ; mais lorsqu'il voulut monter sur le trône et forcer les mesures de la Conscription , je ne fus plus digne de le servir. J'avais été envoyé dans le Département du M....,.... pour y *rapprocher les esprits et détruire quelques divisions de partis* ; je fus ensuite destitué pour avoir résisté à des mesures oppressives en matière de Conscription ; (là condamnation à 1,500 fr. d'amende de trois cent vingt-deux familles de conscrits , dans un pays pauvre, et sur d'anciens exercices qui avaient plus que fourni

(4)

leur contingent). Je fus nommé bientôt après à une Direction des droits réunis (celle de la M..........). Mais je remerciai ; et je me consolai d'une injustice en decrivant du sein de ma famille, et en vertu de l'autorisation du ministre de l'intérieur, le dernier département que je venais d'administrer.

Je m'étais occupé en dernier lieu, et sous la même autorisation, d'un travail gratuit, étendu et difficile, sur une des parties les plus importantes de notre législation. En récompense de tous ces services, j'avais demandé la décoration de la Légion-d'honneur, et je ne pus l'obtenir. Je l'ai reçue des bontés du Roi ; combien il m'est plus précieux de la lui devoir ! En vain deux ministres de Bonaparte m'avaient depuis présenté pour d'autres Préfectures ; on ne voulut plus entendre parler de moi. Ne sait-on pas que, plein de mépris en général pour les autres hommes, ce qu'il pardonnait le moins, était le refus de ses moindres faveurs ? Tels sont les biens que je reçus de lui et tel est l'usage que j'en ai fait. J'espère ainsi qu'on ne m'accusera pas d'avoir été, dans ces derniers temps, dévoué à cette cause.

Certes, je n'ai jamais cru que la nouvelle domination de Bonaparte eût aucun caractère de légitimité ; ce n'était à mon sens, qu'une expédition militaire. Aussi m'étais-je abstenu de voter sur son *Acte additionnel aux Constitutions.* Et qui mieux que moi avait été à portée de juger combien son odieuse tentative serait funeste à la France ?....

A peine de retour dans ma famille, après l'ajournement des deux Chambres , j'en étais reparti pour retourner à mon poste , d'après la convocation extraordinaire du Roi, en date du 6 mars 1814. Je voyageais avec deux officiers des Gardes-du-Corps , mes voisins et mes amis ; (MM les comtes de R..... et du H.......) ; notre voiture était précédée par celle de M. le préfet Des......, qui retournait à Château-Roux avec sa famille. Partout sur cette route, où des arcs de triomphe attestaient encore le passage récent de MADAME et de Monseigneur le duc d'Angoulême, on ne voyait plus , au lieu de la joie publique, que consternation et douleur! Les mêmes sentimens me parurent partagés par deux Régimens , l'un de Dragons et l'autre d'Infanterie, que je rencontrai dans diverses stations. J'avais même été chargé par le premier adjoint de Limoges (M. B........) dans le cas où, avant d'arriver à Bessines, j'apprendrais quelque mauvaise nouvelle, de parler au colonel du premier de ces Régimens, et de l'inviter à rétrograder jusqu'à Limoges où l'on était bien décidé à se défendre.

La nuit était survenue. A quelques lieues du relais du *Feix*, sur les confins du Berri , nos voitures en rencontrèrent deux autres qui venaient du côté de

Paris. Dans l'une d'elles était M. de M.....(mon collègue de la D.........) , dont je reconnus la voix. Il s'en retournait d'Orléans : il y avait appris le départ du Roi , et l'entrée de Bonaparte à Paris ; c'est tout ce qu'il avait pu savoir de relatif à cette fatale catastrophe. Arrivés au *Feix* , nous trouvâmes l'auberge remplie d'un grand nombre d'autres voyageurs. La nouvelle que nous venions d'apprendre y était déjà connue ; on ne s'entretenait que d'elle. La consternation était peinte sur tous les visages; des cris de désespoir s'échappaient de toutes les bouches. Jamais présage d'une grande calamité publique ne fut plus fortement caractérisé.

Cependant je continuai seul mon voyage, en me livrant aux plus tristes conjectures. Peut-être, me disais-je, les deux Chambres auront-elles suivi le Roi ; peut-être que le siège du gouvernement aura été transféré ailleurs , par exemple sur les bords de la Loire... Aucun courrier, aucune voiture n'arrivaient plus du côté d'Orléans; un corps de troupes, commandé par deux généraux dévoués au Roi , y avait intercepté les communications avec le Midi : c'est dans cette ville que j'appris, par les journaux , tout ce qui s'était passé jusqu'alors.

Les Chambres avaient été ajournées et les ministres dispersés. Le Roi , pour éviter la guerre civile , était sorti de la Capitale : Sa Majesté s'était dirigée vers la frontière du Nord, et depuis elle l'avait franchie. La noble résistance des Princes de sa Famille, au Midi et à l'Ouest, avait été trahie par la défection. Bonaparte régnait de nouveau, par la terreur de son nom et par la force de ses baïonnettes!....

Que devaient faire, dans ces graves circonstances, les meilleurs amis du Roi et de la patrie? Fallait-il s'envelopper de son manteau, se borner à des plaintes vaines ou à des vœux stériles? Fallait-il laisser tous les pouvoirs réunis dans les mains de l'ex-Empereur, s'affermir et se consolider? Dira-t-on qu'il aurait succombé sous le poids de sa propre Dictature? Ce serait bien mal connaître celui à qui l'on avait à faire. Sans parler du parti qu'il aurait tiré de la crédulité populaire, en supposant au gouvernement des arrière-pensées, aussi contraires à la vérité qu'au caractère personnel du Roi, Bonaparte, avec son audace et son habileté, son armée et son conseil d'état, avait déjà trop de moyens de se maintenir. Je sais que tous les regards se tournaient vers le congrès de Vienne. La conduite passée des Souverains Alliés faisait espérer qu'on retrouverait en eux de généreux libérateurs; et leur générosité semblait avoir cette fois des motifs encore plus nobles que la première. Mais, outre les incertitudes attachées à toute Coalition (sur-tout à l'égard d'une des Hautes Puissances), l'œil affligé n'osait mesurer la durée possible d'un tel état de choses.

Quand on ne peut maîtriser les événemens, la première sagesse est de marcher avec eux ; on n'arrête pas un torrent au moment où il se précipite. Il importait donc au rétablissement de l'ordre, selon moi , qu'à côté de la Dictature de Bonaparte, il se formât le plutôt possible un autre pouvoir à portée du moins d'en modérer l'action , jusqu'à ce qu'il fût possible de la faire cesser. Malgré tous les efforts de la politique, malgré le zèle de tous les bons citoyens , malgré les succès inespérés de la bataille de *Waterloo* , l'interrègne n'a-t-il pas duré quatre grands mois ? Combien pouvait-il durer davantage ?....

Qu'on ne dise pas qu'il eût cessé plutôt , si tous les bons citoyens s'étaient abstenus de la chose publique ; au contraire , c'eût été laisser aux mauvais tous les moyens de le prolonger. Le passé nous a trop appris qu'un honnête homme ne peut guère , dans les temps difficiles , s'éloigner des fonctions publiques, puisqu'il répond à la société de l'abus que d'autres peuvent en faire. Un Etat ne peut pas rester sans gouvernement , c'est-à-dire , sans lois, sans magistrats , sans police. La religion même , cette source la plus pure de la morale, ne donne-t-elle pas, quoique en gémissant, l'exemple de *l'obéissance au pouvoir qui existe* , quelle qu'en soit l'illégitimité ?

Quant au serment que la tyrannie ou qu'une domination étrangère impose aux fonctionnaires publics, sans doute ils doivent le refuser, s'ils pensent que ce refus soit profitable à la chose publique ; mais dans le cas contraire, ils peuvent ou doivent le prêter : chacun a sur cela sa conscience pour juge. Ce n'est point un parjure, puisque le deuxième serment n'est qu'une *promesse d'obéir à la force*; ce peut être même, suivant les circonstances, un acte de fidélité. On sait d'ailleurs, avec quelle répugnance la Chambre des Représentans consentit à donner même cette promesse. L'obligation du serment fut discutée dans deux séances préparatoires : or un serment que l'on discute est presque un serment contesté. L'usage avait été jusqu'alors, que chaque membre prêtât individuellement et *intégralement* le serment aux pieds du trône ; cette fois, après la lecture de la formule usitée, et sur l'appel nominal fait par un secrétaire, chaque membre prononça ou non de sa place, les mots : *Je le jure.* La suite prouva bien que ce n'était là qu'une affaire de forme, qu'un sacrifice fait à la nécessité.

On a reproché à la Chambre des Représentans son *illégitimité* et son *illégalité*. On déduit le premier vice de ce que les élections des députés furent faites en vertu des ordres d'un usurpateur, et le second de ce que les Colléges Électoraux n'étaient presque nulle part au nombre requis (de la moitié plus un.)

La réponse au premier grief, est que, dans les dangers de la patrie, (et le plus grand n'est-ce pas l'absence de tout gouvernement ?) le peuple a le droit naturel et nécessaire de s'assembler de son propre mouvement, pour aviser aux moyens de salut public. Il peut donc par le même motif s'assembler, quoique sur la convocation d'une autorité illégale. Dans l'un et l'autre cas, les élus du peuple ont un titre légitime, puisqu'ils le tiennent d'un droit primitif indépendant de l'usurpation. Quant au second grief, dire, comme on l'a fait, qu'il n'y a eu aucune élection régulière par le défaut du nombre requis d'Electeurs, ou que toutes l'ont été, serait, je pense, une égale exagération. Dans les temps ordinaires, on sait trop la tiédeur avec laquelle les Electeurs se rendent à leurs Colléges, surtout quand ils sont un peu éloignés du lieu de la réunion. Combien est-elle plus grande dans les temps de crise? L'intérêt public exigeait la réunion des Colléges; tous les Electeurs avaient été convoqués ; c'est leur faute s'ils n'ont pas rempli leur devoir ; la chose publique n'en devoit pas souffrir. Ce n'est pas seulement sur la route de *Cannes* qu'on pouvait servir le Roi et la Patrie ; on le pouvait aussi et dans les Colléges, et dans les Chambres.

On ne peut douter, je le sais, de la pureté des motifs qui ont empêché un grand nombre d'Electeurs d'assister aux dernières assemblées. Mais il est trop vrai qu'au lieu de servir la cause du Roi, ils servaient en effet la cause contraire. Il pouvait arriver ainsi que la Chambre des Représentans se trouvât composée entièrement ou principalement d'hommes dévoués à Bonaparte ; et si tel eût été le résultat des élections , quel aurait été le sort de la France ?

La bataille de *Waterloo* n'aurait point été décisive , s'il se fût agi d'une meilleure cause. Bonaparte et son armée brûlaient également de se venger, jamais on n'aurait capitulé devant Paris. Ne sait-on pas qu'après avoir été déchu , Bonaparte chercha à reprendre le commandement de l'armée; que près de s'éloigner de l'Europe, il exprima ses regrets de n'avoir pu prolonger encore la guerre? Vainqueur, il s'affermissait, du moins pour quelque temps : vaincu , (et quelles auraient été pour Paris les suites d'une bataille perdue sous ses murs?) il ne se serait point soumis pour cela. On en peut juger, outre l'obstination de son caractère , par les dangers qui semblaient menacer sa tête , et par l'attachement d'une armée qu'il avait rendue complice involontaire de son entreprise. Au pis aller , il se fût retiré derrière la Loire , où déjà , et dans ce dessein peut-être , il avait fait nouvellement réparer le château d'Amboise ; et là , entouré de ses Chambres , si elles lui eussent été dévouées, de ses armées, sans parler des nouvelles ressources que son génie actif et sa puissance, quoiqu'usurpée , lui auraient fournies , Dieu sait quand et comment cette grande lutte aurait fini.

Ah ! c'est bien alors qu'on aurait vu se réaliser sa terrible prophétie sur la quantité de sang et de larmes que devait coûter *la chute d'un grand homme.*

Toutefois je ne pensais pas que la Chambre des Représentans dût, à moins d'une confirmation expresse, survivre au retour du gouvernement royal. Le mandat donné par le peuple dans ces circonstances extraordinaires, me semblait essentiellement subordonné à leur durée. On devait tout faire pour rétablir les choses dans leur état naturel et légitime; mais en tout cas, on devait assurer au peuple la jouissance de ses droits politiques. Le peuple était censé avoir dit à ses mandataires: « Le gouvernement qui me régissait » vient d'être dispersé par une force majeure ; je vous » confie le soin de maintenir l'ordre général et les » lois jusqu'à son retour. Que si, la fortune trahissant la justice, l'usurpation prenait quelque caractère de stabilité, tâchez du moins, en vous associant » à son pouvoir, tant qu'il subsistera, d'en modérer » les excès et de maintenir mes droits et mes libertés. »

Ainsi, la Chambre des Représentans s'était formée par nécessité, et sans savoir précisément ce qu'il lui était réservé de faire. On pouvait même juger d'avance que, réunie dans un dessein dont on s'occuperait inutilement, elle aurait à remplir un pouvoir imprévu et qui tournerait en définitif au profit de la patrie. Quelle que soit, au reste, l'opinion qu'on doive adopter sur le véritable caractère de cette Assemblée, tout consiste à savoir si elle a bien ou mal usé du pouvoir qui lui avait été délégué ; car on ne doit la juger que d'après ses actes. Ici je ne serai qu'historien fidèle en racontant des faits qui sont généralement peu connus ou qui ont été mal appréciés.

Bonaparte, pour réussir dans son projet insensé, s'était prévalu de quelques fautes attribuées à l'ancien ministère ; et comment n'en pas commettre, même avec les meilleures intentions, dans un gouvernement tout nouveau, et dans des temps si difficiles ? Ces fautes, au reste, eussent été, selon moi, aisément réparées dans la prochaine session législative. Il ne s'agissait pour cela que de faire marcher franchement la Charte constitutionnelle, conformément au vœu bien connu du Roi et à celui de toute la nation ; sauf peut-être quelques hommes imbus des anciens préjugés, ennemis de toute innovations, et qui veulent toujours trouver dans le passé les seules règles sûres pour le présent et l'avenir.

Il avait, surtout, caressé la liberté publique ; lui qui en était l'ennemi le plus redouté. Mais *son Acte additionnel aux Constitutions* le trahit. Tous les partis n'y virent que le dessein, mal déguisé, de revenir à son premier despotisme dès qu'il en trouverait l'occasion. Le dernier article qui, *même en cas d'extinction de la Dynastie Impériale,* excluait du trône l'auguste famille des Bourbons, parut n'être qu'une jonglerie ridicule : une prévoyance aussi reculée dans l'avenir, annonçait déjà toutes les terreurs du présent ! Le champ de Mai ne fut qu'une vaine parade à laquelle il assista beaucoup moins d'Electeurs que de curieux. Les témoignages de l'allégresse publique ont un caractère qui leur est propre et auquel il n'est guère possible de se méprendre. On put dès-lors juger du véritable état de l'opinion publique, cette Souveraine du monde, à laquelle rien ne résiste ; et ce jugement fut de nouveau confirmé peu de jours après, à la cérémonie de l'ouverture du corps législatif.

Après avoir tout préparé pour le succès de sa campagne, Bonaparte venait de partir pour l'armée. Il avait organisé dans Paris une armée de réserve sous le nom de *Fédérés* ; elle était principalement composée d'ouvriers de la Capitale et des Départemens environnans. L'inquiétude était générale : on semblait craindre autant les succès que les revers. Le dimanche matin 18 juin, le bruit du canon annonce et bientôt on proclame une grande victoire remportée sur les Anglais et les Prussiens réunis. Qui le croirait ? C'est le même jour que notre armée éprouvât à *Waterloo* la plus affreuse défaite ! Le bruit de ce désastre se répand tout à coup dans la matinée du 21 , et l'on apprend que Napoléon est revenu à Paris ! ! La douleur et l'espérance se partagent tous les esprits. Le tumulte était dans la Ville et la stupeur dans le Palais! La Chambre des Représentans s'ouvre au milieu de ces graves circonstances.

M. de Lafayette, ce vieil ami de la liberté, que j'avais vu en 1792 si attaché à la cause royale, appelle en peu de mots l'attention de la Chambre sur les nouveaux dangers de la patrie. On l'écoute avec le plus profond silence ! Il propose et la Chambre adopte les dispositions suivantes : « 1° La Chambre » déclare que l'indépendance de la nation est me- » nacée. 2° Elle se déclare en permanence. 3° Qui- » conque tenterait de la dissoudre est déclaré *traître* » *à la patrie, et sera sur-le-champ jugé comme* » *tel.* 4° Les ministres de la guerre, des relations » extérieures, de la police et de l'intérieur, sont in- » vités à se rendre *sur-le-champ* dans le sein de l'As- » semblée. »

Il est bien évident que le troisième paragraphe de cette résolution ne regardait que Bonaparte, qui seul avait le droit, soit-disant constitutionnel, de dissoudre les Chambres. S'il avait usé de cette prérogative, la Chambre des Représentans ne pouvait s'empêcher de le mettre *hors de la loi*; et alors la force aurait tout décidé. Mais s'il eût été le plus fort, je le demande aux détracteurs de la Chambre, quel sort était réservé à cette dernière ?.....

Si Bonaparte avait été abandonné de son armée, ou

si la Chambre avait eu à ses ordres une armée plus puissante, cette mesure hardie aurait sans doute beaucoup perdu de son prix. Mais l'armée restait dévouée à son chef ; il n'était revenu à Paris que pour en réparer plus promptement les pertes ; et tous deux brûlaient de venger leur commune honte. Mais Bonaparte, encore environné du prestige de son ancienne puissance, avait d'autres armées sur plusieurs points du royaume. Il en avait organisé une jusque dans Paris, et ce n'était pas la moins redoutable.

Ainsi, au milieu des dangers de toute espèce qui la menaçaient, la Chambre des Représentans ne consulta que l'intérêt de la patrie, en se confiant à l'opinion publique, à la fortune, surtout à la loyauté de cette Garde-citoyenne dont le zèle et la constance sont au-dessus de tous les éloges. Alors peut-être (et comment pourrait-on en douter ?) quelques-uns des détracteurs de cette Chambre préparaient déjà, en secret, des félicitations et des hommages pour le parti qui triompherait !

Les ministres mandés n'arrivaient point : ils étaient alors réunis auprès de Napoléon. L'impatience et l'agitation croissaient dans l'assemblée ; ses ordres sont de nouveau notifiés aux ministres ; bientôt après on annonce leur arrivée. Ils avaient à leur tête Lucien Bonaparte : celui-ci venait comme commissaire extraordinaire de son frère, pour présenter un message à la Chambre, et pour en soutenir la discussion. La Chambre, à sa demande, se forme en comité secret. Il était six heures,

On s'était flatté que le message contiendrait l'abdication de Napoléon; mais il n'offrait que des vues générales sur les moyens de réparer le désastre de *Waterloo*, que l'on présentait d'ailleurs comme beaucoup moins considérable qu'il n'était en effet. On y recommandait l'union des esprits et surtout des pouvoirs. Après la lecture de ce message, qu'accueille un morne silence, Lucien Bonaparte monte à la tribune et en développe les motifs. Les ministres sont entendus successivement sur plusieurs questions qui leur sont adressées : leurs réponses paraissent évasives ou peu satisfaisantes; elles sont tour à tour critiquées, expliquées ou soutenues. Enfin l'on arrive au point délicat.... Il résultait du compte précédemment rendu par le ministre des relations extérieures, que toutes les Puissances de l'Europe s'étaient accordées à repousser les courriers et les dépêches de Napoléon. Si telle avait été leur conduite envers la France à une époque récente où la gloire de nos armées n'avait encore souffert aucune atteinte, où Murat, alors roi de Naples, tenait en échec une forte armée Autrichienne en Italie, que pouvait-on raisonnablement espérer à cet égard, aujourd'hui que tout était changé à notre désavantage ?....

Lucien reparaît à la tribune. Suivant lui, les changemens survenus dans le gouvernement de la France, doivent avoir rendu plus favorables les dispositions des Souverains Alliés. « Les acclamations qui ont ac- » compagné Napoléon de Cannes à Paris, la réunion » des Colléges Electoraux, celle des Chambres, le » Champ de Mai; tout cela prouve, dit-il, l'heureuse » union qui s'est rétablie entre la nation et son chef. » Il rappelle à l'assemblée que cette union a été scellée par un serment solennel !..... Ici un murmure sourd l'avertit que la Chambre des Représentans n'a entendu prêter d'autre serment que celui d'être *fidèle à la patrie*. L'orateur surpris et non déconcerté reprend son discours ; mais ne pouvant plus se faire illusion sur les véritables sentimens de la chambre, il lui échappe quelques mots équivoques sur le caractère national.... A peine est-il descendu de la tribune qu'un membre (c'est encore M. de Lafayette) s'écrie à-peu-près en ces termes : « Il est bien étonnant que cette famille » pour qui la France s'est sacrifiée, ose encore l'ac- » cuser de légéreté ! L'armée française n'a-t-elle pas » suivi Napoléon jusque dans l'Afrique, dans la » Moscovie ?.... Oui, son ambition a fait mourir » plus de trois millions d'hommes. »

Le jeudi matin 22 juin, les Députés se réunissent de nouveau en séance publique. Le vœu presqu'unanime de l'Assemblée, était pour l'abdication de Bo-

naparte ; en cas de refus , on devait le déposer, et quelques-uns étaient d'avis qu'on s'assurât de sa personne.
Telle était la disposition générale des esprits, à son
égard., lorsque des commissaires se rendent près de
lui , pour l'exhorter à se démettre d'un pouvoir où il
ne peut plus faire le bien , ni procurer à la France la
paix qu'elle désire…. Il hésite et se trouble. On insiste ;
il demande *trois heures* pour se décider…. Ce court
délai laisse encore craindre quelque piége ; l'Assem-
semblée vivement agitée , allait reprendre sa délibéra-
tion , lorsqu'un ministre d'état annonce que , dans
une heure au plus , il lui sera porté un nouveau
message…. Ce message était conçu en forme de Déclaration *au peuple français* ; on y remarquait les
passages suivans : « …. Je comptais sur la réunion
» de tous les efforts, de toutes les volontés, et sur le
» concours de toutes les autorités nationales…. Les
» circonstances paraissent changées. Je m'offre en sa-
» crifice à la haine des ennemis de la France. Puissent-
» ils être sincères dans leurs déclarations et n'en avoir
» réellement voulu qu'à ma personne ! Ma vie poli-
» tique est terminée ; *et je proclame mon fils, sous*
» *le titre de Napoléon II, Empereur des Français.* »
Il invitait au surplus la Chambre à organiser sans délai la Régence , par une loi.

Quoique cette importante communication ne rem-
plît qu'imparfaitement le vœu d'une grande partie

de l'assemblée, qui auraitdésiré une abdication pure et simple, on crut devoir s'assurer, autant que possible, que cette deuxième abdication ne serait pas révoquée; et par ce motif, on demanda qu'elle fût *acceptée au nom de la nation.* Cette proposition n'est point combattue ; mais on demande qu'en même temps qu'on l'adoptera, *Napoléon II* soit proclamé Empereur des Français, puisque l'abdication n'a été donnée que sous cette condition. Après des débats très-animés, la Chambre se borne à accepter *purement et simplement* l'abdication, et passe à l'ordre du jour sur la proposition incidente. Elle procède ensuite, de concert avec la Chambre des Pairs , à la nomination des cinq membres qui seront chargés des fonctions provisoires du gouvernement.

Le même jour que la Chambre des Représentans avait discuté la proposition de proclamer Napoléon II, une semblable question s'était agitée, dans une séance du soir , à la Chambre des Pairs. Lucien Bonaparte y avait dit à la tribune : « Napoléon a abdiqué en » faveur de son fils. Politiquement *l'Empereur est* » *mort , vive l'Empereur !* » Il avait ensuite conclu à ce que la Chambre prêtât d'enthousiasme , et sans délibérer , serment à Napoléon II ; lui-même en avait donné l'exemple. M. Doulcet-Pontécoulant combat avec courage cette proposition ; et malgré les emportemens d'un colonel trop fameux , cette grave discussion n'a pas de suite.

Cependant les deux Chambres avaient envoyé des Commissaires auprès de Bonaparte, *pour le remercier, au nom de la nation, du noble sacrifice qu'il venait de faire*, sans parler aucunement de la condition qu'il y avait mise. Aussi, dans sa réponse, les engagea-t-il à faire connaître de nouveau à leurs Chambres, qu'il *n'avait abdiqué qu'en faveur de son fils*. Cette démarche des deux Chambres, a été présentée comme un acte *servile, indigne de la nation*. Mais au fonds, était-ce autre chose que notifier à l'ex-Empereur qu'on acceptait son abdication, sans même entendre reconnaître son fils ? On le faisait descendre d'un trône où il avait reçu autrefois tous les genres d'hommages et les félicitations de presque toute l'Europe. Il était tombé dans le malheur. Convenait-il, dans une telle situation, de le traiter sans aucun égard, quand-même on l'aurait pu sans imprudence !

Bonaparte et ses partisans, voyant que les Chambres refusaient de reconnaître son fils, avaient eu recours à des moyens extraordinaires pour obtenir cette reconnaissance à tout prix, et pour faire organiser une Régence que Lucien devait présider.

Des mouvemens séditieux s'étaient manifestés dans la soirée du 22 juin, devant l'Elysée-Bourbon, où résidait Bonaparte. L'ex-Empereur s'y était montré au peuple avec ses deux frères. Un nombreux corps de Fédérés, ou de soldats sans uniforme, avait été caserné

dansl'hôtel des Gardes-du-Corps ; (je l'y avais vu en-
trer vers 10 heures du soir :) d'autres Fédérés avaient
bivouaqué toute la nuit aux Champs-Élysées. Sur la
nouvelle du refus de *reconnaître Napoléon II* , un
corps de l'armée, sous Paris , avait menacé de marcher contre les Chambres. Enfin l'acte par lequel Bonaparte , en abdiquant , avait proclamé son fils *Empereur* , venait d'être affiché sur tous les murs de la
Capitale.

Mais à côté de ces préparatifs sinistres, une contre-
police veillait heureusement au maintien de la tranquillité publique. Dès les trois heures du matin , (du
moins dans le onzième Arrondissement que j'habite)
les Gardes-nationaux avaient été avertis *à domicile* de
se réunir dans des cantonnemens déterminés. Il s'é-
tait formé des groupes nombreux dans le jardin des
Tuileries. Comme je passais le pont de Louis XVI,
pour me rendre à l'assemblée , un homme estimable
de ma connaissance , m'appelle à part, et après m'a-
voir demandé si je n'étais pas de cette Chambre, m'apprend *qu'à deux heures elle doit être dissoute par la
force.* La commission administrative ou de police
de la Chambre, à laquelle j'allai en rendre compte,
avait déjà reçu des avis semblables. D'une autre part,
on avait fait circuler parmi les Députés, que la proposition de proclamer Napoléon II et d'organiser la
Régence, allait être renouvelée, mais qu'on voterait

cette fois *par appel nominal;* moyen de tactique usité, comme on sait , pour intimider les hommes faibles. En sorte que rien n'avait été négligé pour arracher à l'assemblée la résolution qu'on voulait obtenir. Tels furent les auspices sous lesquels s'ouvrit la séance du vendredi 23 juin.

Une première discussion s'élève sur la responsabilité des membres du gouvernement provisoire, et sur le serment qu'ils doivent prêter ; serment pour lequel on proposait la formule suivante : *Je jure obéissance aux lois et fidélité à la nation.* Trois ministres d'état s'élèvent successivement contre cette formule. « Au » nom de qui , disent-ils, agira ce gouvernement, s'il » ne prête que serment *à la nation ?* N'avons nous pas » un Empereur dans Napoléon II ? il est urgent » de le proclamer. » MM. Peiniéres et Malleville, entre autres, combattent cette proposition. « Vous au- » riez donc changé d'opinion depuis hier ! En tout » cas , cela ne regarde que les négociateurs envoyés » vers les Puissances.» Le cri général , au milieu d'un grand tumulte, est, comme la veille, celui de *l'Ordre du jour.* J'oubliais de dire que quelques membres, sans doute, pour rompre d'un seul coup tous les liens des anciennes *Constitutions de l'Empire* , avaient demandé que la Chambre se formât en Assemblée *Constituante.*

Un orateur aussi modeste que distingué (M. Ma-

nuel) discute les différentes propositions. Il signale tour à tour chacun des partis qui s'agitent en ce moment ; et il le fait avec tant de mesure, qu'il est écouté avec une attention soutenue ; le plus beau triomphe dans une assemblée surtout si orageuse. Il était essentiel de calmer les factions, et cependant de n'opposer aucune barrière à un *avenir* qui s'annonçait comme très-prochain. « Ce n'est point à nous,
» disait l'orateur, de proclamer le fils de Napoléon ;
» mais il est vrai que les Constitutions le proclament.
» au reste, si les souverains alliés le repoussent, les
» Chambres devront aussi l'abandonner, comme
» elles ont abandonné son père ; car la patrie est
» avant tout. Je propose de passer à l'ordre du jour,
» motivé sur les Constitutions. »

M. Manuel combat d'ailleurs la proposition, renouvelée, d'organiser une Régence ; et la Chambre adopte la résolution suivante . « La Chambre des Représen-
» tans, délibérant sur les diverses propositions faites
» dans sa séance et mentionnées dans son procès-ver-
» bal, passe à l'ordre du jour motivé, 1° sur ce
» que Napoléon II est devenu Empereur des Français
» par le fait de l'abdication de son père, *et par*
les Constitutions de l'Empire ; 2° sur ce que les deux
» Chambres ont voulu et entendu, par leur arrêté
» à la date d'hier, portant nomination d'une com-
» mission de gouvernement provisoire, assurer à la

» nation la garantie dont elle a besoin *dans les cir-*
» *constances extraordinaires où elle se trouve*, pour
» sa liberté et son repos , au moyen d'une adminis-
» tration qui ait toute la confiance du peuple. » Cet
expédient parut tout concilier. Il calmait à la fois
les partis , l'armée , la multitude , sans blesser aucun
vœu ni aucune espérance. Telle autre mesure , sans
doute plus conforme au vœu de la majorité , aurait
pu entraîner les plus grands malheurs. C'était beaucoup alors que d'obtenir quelques jours et même
quelques heures de tranquillité.

Il n'est donc pas vrai que la Chambre ait proclamé
le fils de Napoléon. Tout ce que des circonstances im-
périeuses l'ont forcée de déclarer au sujet de cet en-
fant , c'est qu'il était *reconnu par les Constitutions de
l'Empire.* Et déjà ces constitutions avaient été comme
anéanties par la résolution du 21 juin ! Aussi , les
actes de l'autorité publique ne furent-ils jamais inti-
tulés qu'*au nom du peuple français.*

Un membre avait osé rappeler, dans la Chambre des
Représentans , la disposition de l'article 67 de *l'Acte
additionnel,* qui excluait du trône une Famille auguste
et révérée ! Mais sa voix avait été étouffée par des
cris universels d'improbation. La malignité a répandu
que, dans une adresse à l'armée , la Chambre avait
commis la même irrévérence : on sera convaincu du
contraire en lisant cette adresse, à la date du 28 juin;

Elle était conçue ainsi : « Braves soldats , un grand
» revers a dû vous étonner et non vous abattre : la
» patrie a besoin de votre constance et de votre cou-
» rage..... Des Plénipotentiaires ont été envoyés aux
» Puissances Alliées; ils sont chargés de traiter *au nom*
» *du peuple français* , à des conditions honorables qui
» garantissent l'indépendance nationale, l'intégrité de
» notre territoire... Le succès des négociations dépend
» de vous. *Serrez-vous autour du drapeau tricolor*
». *consacré par la gloire et par le vœu national,* e|c.»

A l'égard de ces dernières expressions, pouvait-on
alors tenir un autre langage à une armée qui avait
repris ces premières couleurs , sous lesquelles elle avait
long-temps combattu? Est-il même permis de prévoir
ce que Sa Majesté, dans sa haute sagesse, aurait décidé à ce sujet, la première fois qu'elle fut rendue à
nos vœux, si déjà, par un mouvement général et spon-
tané, l'antique bannière des Français n'eût été partout
déployée sur son passage?... Deux jours après, c'est-à-
dire le 3o juin, l'armée sous Paris envoya à son tour,
une adresse à la Chambre. Il est trop vrai que cette
dernière adresse annonçait l'exaspération ou l'éga-
-rément d'une armée aigrie par ses revers.

.. La Chambre avait aussi adopté un projet d'a-
dresse au peuple français , dans les termes suivans :
« Français ! les Puissances Etrangères ont proclamé à
» la face de l'Europe, qu'elles ne s'étaient armées que

» contre Napoléon ; qu'elles voulaient respecter notre
» territoire et le droit qu'a toute nation de se choisir
» un gouvernement conforme à ses mœurs et à ses
» intérêts. Napoléon n'est plus le chef de l'Etat ; lui-
» même a renoncé au trône ; son abdication a été ac-
» ceptée par vos Représentans ; il s'est éloigné de vous ;
» *son fils est appelé à l'Empire par les Constitutions*
» *de l'État.* » Ces derniers mots n'étaient point dans
le projet de la commission ; ils n'y furent ajoutés qu'a-
près une forte opposition.) L'adresse finissait ainsi :
« Maintenant, la Chambre croit de son devoir de
» déclarer *qu'elle ne saurait avouer pour chef de*
» *l'État celui qui , en montant sur le trône , refu-*
» *serait de reconnaître les droits de la nation et de*
» *les consacrer par un pacte solennel , etc.* »

Si une semblable déclaration avait pu concerner le
Roi Louis XVIII, séditieuse en d'autres temps , elle
eût été du moins très-inconvenante et même sans objet,
puisque déjà les droits politiques de la nation avaient été
reconnus et consacrés par la Charte de 1814 : tout ce
qu'il pouvait être permis de faire à cet égard , était de
voter quelques améliorations à cette Charte ; et depuis ,
le Roi a daigné y pourvoir par son Ordonnance du
13 juillet. Mais puisque Sa Majesté était déjà en pos-
session du trône de France , par le droit *constitution-*
nel, aussi-bien que par le droit *héréditaire*, cette
déclaration ne pouvait lui être relative. Dans toutes les

suppositions, la Chambre aurait été trompée sur le véritable esprit de la Déclaration des Hautes-Puissances, relative à l'article 8 du traité du 25 mars 1815 : *qu'elles ne faisaient point la guerre pour imposer à la France aucun gouvernement particulier.* Incertains de l'avenir, inquiets sur la détermination que les Puissances Alliées pourraient prendre en définitif, les rédacteurs de cette adresse auront cru devoir, en tout événement, stipuler le plus de garanties pour les droits de la nation, à l'égard du Prince quelconque qui serait appelé à la gouverner. La Déclaration *des Droits,* qui devait servir de préambule à la nouvelle Constitution ; cette Constitution elle-même, dont la Chambre allait s'occuper, tenaient aux mêmes sentimens ou aux mêmes erreurs, et doivent être jugées d'après les mêmes motifs, savoir l'incertitude de l'avenir et l'anxiété du patriotisme.

Déjà, et dès le 27 juin, n'était-elle pas sortie du sein de cette même Assemblée, la proposition vraiment patriotique, de porter directement au Roi, les hommages et les vœux des deux Chambres et du gouvernement provisoire, pour presser son retour parmi nous ? Mon estimable collègue, M. Malleville, avait pris cette noble initiative ; et j'eus, ensuite l'honneur de m'y associer en la défendant. Mais dans les circonstances difficiles où l'on se trouvait, anticiper de quelques jours sur les événemens, eût

été compromettre sans utilité, et la sûreté de la Capitale, et la tranquillité publique sur plusieurs points
du Royaume. J'ai dit *sans utilité*; tout ce qui s'est passé
en France, depuis l'heureux retour du Roi, en est
une triste et trop fatale preuve !.... La France sait
combien le Roi souffre de ses maux ; indépendam-
ment des assurances données à cet égard par les Souverains Alliés, elle les supporte avec courage, parce
qu'elle espère en voir bientôt la fin.

Bonaparte, déchu du trône et de l'espoir d'y voir
porter son fils, n'était pas moins un sujet d'alarme.
Pressé de quitter Paris, il s'était retiré à la Malmaison.
Il devait y attendre l'arrivée d'un passe-port ou sauf-
conduit que le gouvernement provisoire avait demandé pour lui à lord Wellington, afin qu'il pût
passer aux États-Unis d'Amérique; à quoi le noble
lord avait répondu *n'avoir aucune autorité de son
gouvernement pour donner une réponse quelconque
sur cette demande.* Le général Becker, membre de la
Chambre des Représentans, avait été préposé à sa
garde ainsi qu'à sa sûreté. Enfin, il était parti de la
Malmaison dans la nuit du 29 au 30 juin: on a su,
dans le temps, toutes les peines qu'on éprouva,
soit pour l'éloigner de Paris, soit pour le conduire
jusqu'à Rochefort, où il a été mis à la disposition des
Souverains Alliés.

Cependant les armées étrangères investissaient la

Capitale, sur l'une et l'autre rive de la Seine. Le canon tirait depuis plusieurs jours tout autour de Paris; il allait s'y livrer une grande bataille , lorsqu'une convention conclue entre les généraux respectifs , fit tout-à-coup cesser les hostilités. Cette convention , en date du 3 juillet , fut sur-le-champ communiquée aux deux Chambres; elle portait , entre autres dispositions, celles-ci : « 1° l'armée française se retirera derrière la
» Loire, avec armes et bagages , sans aucune excep-
» tion, dans le délai de huit jours ; 2° le service inté-
» rieur de Paris continuera d'être fait par la Garde na-
» tionale et par la Gendarmerie municipale; 3° *les pro-*
» *priétés publiques* , à l'exception de celles ayant rap-
» port à la guerre , *seront respectées , ainsi que les*
» *personnes et les propriétés particulières ;* 4° s'il
» survenait des difficultés dans l'exécution de quel-
» qu'un des articles de la convention , elles seront
» interprétées en faveur de l'armée française et de la
» ville de Paris. »

Telle est cette convention mémorable à tant de titres , sous la foi de laquelle les portes de la Capitale s'ouvrirent aux armées étrangères ; convention à laquelle Paris doit presque son salut , et sans laquelle tant de sang aurait coulé et coulerait peut-être encore !... On se rappelle avec quel sentiment de douleur l'armée obéit. Le 4 juillet au soir , un grand nombre de Fédérés et de soldats de l'armée sous Paris parcouraient tumultueusement les rues de cette Capitale, en poussant des cris séditieux. L'alarme était générale ; mais l'ordre fut maintenu par la bonne contenance et le sang-froid de la Garde nationale.

Ici, devait finir l'histoire des deux Chambres. En effet, le mandat de celle des Représentans ne pouvait durer plus que les circonstances extraordinaires pour lesquelles elle avait été instituée. Du moins, dans ce nouvel état de choses, il paraissait convenable qu'elle s'ajournât, en se reposant sur le gouvernement provisoire, du soin de maintenir la tranquillité publique jusqu'au rétablissement du gouvernement légitime.

Mais déjà, et par divers motifs·, le nombre des membres de cette Assemblée avait beaucoup diminué. (suivant un scrutin du 6 juin, le nombre des Députés présens avait été de 495, et lors d'un autre scrutin du 27 du même mois, il ne fut que de 365.) Les uns, domiciliés dans les Départemens envahis, s'étaient retirés les premiers pour protéger leurs familles et leurs propriétés ; d'autres, regardant leur mission comme terminée, s'étaient retirés à leur tour, ou s'abstenaient d'assister aux séances. Quelques-uns même, en dernier lieu, eussent désiré que l'on protestât contre toute réunion ultérieure ; mais des considérations particulières, qu'il serait superflu de rappeler ici, firent abandonner ce projet. De cette manière, l'Assemblée ne consistait plus que dans sa *mino-*

rité ; et malgré la constance de quelques hommes
sages et courageux, elle avait pris les derniers jours de
son existence, un air de turbulence ou de faction qui
était hors de son vrai caractère. On sent qu'en de par-
reilles cicronstances, et dans une session de trente
jours, elle ne pouvait guère s'occuper d'objets ordinaires de législation. Néanmoins, plusieurs de ses actes
ont pu faire juger du bon esprit qui l'eût animée.

Ainsi elle avait adopté pour règle de ses délibérations, cette sage disposition de la Charte qui renvoie à
l'examen préalable des Bureaux toutes les propositions de lois, avant que la Chambre puisse en délibérer.
Elle allait aussi, par un juste motif de défiance, soumettre toutes les propositions de ses membres à l'examen d'une Commission *consultative*, avant qu'elles
pussent être présentées à la tribune ; cette mesure,
qui d'abord avait excité quelques murmures, elle
avait paru, en dernier lieu, disposée à l'adopter.

Un membre avait proposé de supprimer, dans les
listes d'appels nominaux, tous les titres des Députés.
Cette motion, sur laquelle on ne délibéra point,
donna lieu à des jugemens divers : les uns crurent y
voir une tendance vers cet ancien système d'égalité
qui avait tout confondu ; d'autres, avec plus de raison, n'y virent qu'un ménagement délicat pour les
anciens titres qui venaient de s'éclipser de nouveau
pour le temps de l'interrègne. — Un autre membre,

égaré sans doute par les troubles de sa contrée, avait osé proposer un projet de loi *sur les suspects*, qui offroit la teinte de 1793 ! A peine en eut-il lu quelques articles, qu'un mouvement général et prolongé d'indignation fit voir combien les temps étaient changés. — Un troisième avait aussi proposé de déclarer *sauveur de la patrie*, celui qui par son ambition excessive en avait causé tous les maux ! on sait avec quelle unanimité de sentimens il fut repoussé de la tribune. Quelqu'un s'était écrié ironiquement à ce sujet : « Si » déjà vous le proclamiez *sauveur de la patrie*, eh ! » quel titre lui donneriez-vous après qu'il l'aura sauvée ? » — Un quatrième membre avait proposé (le 6 juin) de déclarer que l'armée avait *bien mérité de la patrie* ; mais on éluda cette proposition, alors prématurée ou très-intempestive.

A la suite d'un rapport du ministre de la police générale, sur *l'état de la France*, et après une discussion très-animée, l'Assemblée eut la sagesse d'écarter l'insidieuse proposition qui lui était faite de prendre *l'initiative* pour des mesures de sévérité à l'égard des citoyens qui troubleraient la tranquillité publique. Bientôt après, le gouvernement provisoire se crut obligé de proposer un projet de loi sur cette matière délicate; mais le projet ne fut adopté qu'après une forte opposition, surtout dans les Bureaux, et à la faveur de plusieurs amendemens salutaires

La Charte royale avait aboli la confiscation ; les Constitutions nouvelles semblaient l'avoir rétablie. La Chambre s'était occupée d'un projet de loi pour *abolir de toutes confiscations de biens meubles et immeubles, relativement à toute espèce de crimes et délits, excepté en matière de contrebande.*

On sait qu'après le retour de Bonaparte, il avait été formé dans plusieurs départemens, des commissions *de haute police*, ayant le pouvoir d'exiler ou même de faire arrêter les citoyens. Les deux Chambres avaient rivalisé de zèle pour faire cesser un tel abus. Dans la première, on avait demandé la suppression desdites commissions ; et la seconde avait accueilli la proposition de demander compte au gouvernement *de tous les arrêtés pris pour mettre hors de la Constitution quelques parties de l'Empire.* Des détenus par des mesures arbitraires lui ayant adressé leurs réclamations, elle avait chargé son président de les présenter à l'ex-Empereur, qui même y avait fait droit. Cette Chambre pouvait-elle mieux montrer son respect pour les principes et pour la liberté des citoyens ? Pouvait-elle mieux signaler sa haine contre les actes illégaux de ces derniers temps ?

Les autres objets qui avaient fixé l'attention de la Chambre étaient relatifs à différens projets de loi, tels que ; 1° Sur la répression des délits de la presse ; 2o Sur les élections des députés, 3° Sur les moyens de soulager la classe indigente des ouvriers et manufacturiers à Paris et dans les départemens, etc. Mais toutes ces propositions furent ajournées, d'après un nouvel ordre de travail arrêté par la Chambre, dans sa séance du 27 juin, portant qu'*elle s'occuperait exclusivement de ce qui était relatif au budjet et à la révision des Constitutions.* Toutefois, quoique le budjet général lui eût été présenté dès le 19 juin, elle ne voulut point s'occuper de finances, si ce n'est d'une part, pour donner un gage aux réquisitions, et de l'autre, pour assurer le paiement de la solde des troupes.

Plusieurs Colléges Electoraux, également alarmés du présent et de l'avenir, avaient chargé leurs députés d'obtenir, en tout événement de choses, la réunion en un seul corps des anciennes Constitutions, ainsi que leur rectification dans les points qui en paraîtraient susceptibles. Bonaparte, dans son discours d'ouverture de la session législative, n'avait parlé que de cette *réunion*; mais la Chambre des Représentans, dans son adresse du 11 juin, avait exprimé le désir formel que ces Constitutions fussent aussi *rectifiées le plutôt possible*; à quoi Bonaparte avait répondu, en citant l'exemple du bas Empire: qu'il ne fallait pas s'occuper *de discussions abstraites et publiques, au moment où le belier allait battre les portes de la ville.*

Cependant on s'était empressé de nommer des

Bureaux composés d'un membre par département, à l'effet de *refondre et de réviser* toutes les anciennes Constitutions. Il était résulté de ce travail un nouveau projet d'Acte Constitutionnel (en 125 articles) qui, je crois, se discutait encore le 7 juillet, jour de l'entrée à Paris des premiers corps des armées étrangères, ou la veille de la rentrée du Roi dans cette capitale. Le même jour la commission provisoire du gouvernement s'était dissoute, et en avait donné avis aux deux Chambres. Celle des Pairs avait aussitôt cessé ses fonctions ; mais il paraît que celle des Représentans n'en agit pas de même. Peut-être espérait-elle, si non être maintenue, du moins être admise, avant de se dissoudre, à rendre compte au Roi de l'usage qu'elle avait fait de ses pouvoirs. Sans doute encore elle se proposait de soumettre à la sagesse de Sa Majesté, le nouveau projet de Constitution dont elle venait de s'occuper ; et ce projet, dans ses dispositions principales, différait peu de la Charte constitutionnelle donnée par le Roi.

J'ai parcouru une *histoire des deux Chambres de Bonaparte*, sans nom d'auteur. Entre autres exagérations ou infidélités, on y fait parler ainsi (pag. 9) l'honorable M. le comte Lanjuinais, président, dans son discours de remerciement à la Chambre : « *Mes » principes et ma conduite sont connus de la France » et de l'Europe* (forfanterie indigne de celui à qui

» on l'attribue); je n'aurai pas besoin d'en changer...
» Je suis dévoué *tout entier* à la patrie, *à l'Empe-*
» *reur*, à la prospérité de la France, etc. » Mais
voici les véritables expressions de ce discours :
« Afin de justifier votre choix, j'aurai besoin de la
» continuation de toute votre bienveillance et de
» votre indulgence, et de vos sages conseils... Je n'ai
» à changer ni de principes, ni de conduite : vous
» me verrez *uni à l'Empereur, et tout dévoué à la*
» *patrie, à la justice ;* à la liberté, à la prospérité
» de la France, etc. » Ce qui est un peu différent,
comme on voit.

Dans le même écrit (pag 283) on suppose que le
projet de déclaration des *Droits politiques* des Français contenait la disposition suivante: « Nul Prince,
» soit héréditaire, etc., ne pourra régner sur la
» France qu'il n'ait juré *l'observation* de la présente
» déclaration ; et après ce serment, il *recevra la*
» *couronne des mains du président de la Chambre*
» *des Représentans, et son sceptre et son épée*
» *des mains du président du Sénat.* » Tandis que
voici la véritable rédaction de l'article. 13 et dernier du projet, dont il s'agit : « Le Prince, soit hé-
» réditaire, soit appelé par élection, ne montera
» sur le trône qu'après avoir prêté et signé le serment
» d'observer et de faire observer la présente déclara-
» tion. » Le surplus n'est qu'une addition de fantaisie
sans doute très-inofficieuse.

Quoiqu'il en soit , la Chambre des Représentans , en raisonnant de la sorte , se reportait évidemment à une époque antérieure à la Charte constitutionnelle ; j'ai déjà fait remarquer à ce sujet (page 27), que cette déclaration contenait du moins une grave erreur. En effet , la Charte constitutionnelle de 1814, avait acquis un véritable caractère national , soit par l'acceptation des deux Chambres , soit par l'assentiment le plus unanime du peuple , et par son exécution paisible pendant près d'un an. Le pacte social était donc complet , sauf quelques améliorations que le vœu public appelait , et que la sagesse éclairée du Roi a depuis accordées , en les offrant d'elle-même aux délibérations de la Législature.

Pense-t-on de bonne foi que ce pacte eût obtenu plus de garantie par une émission de votes dans les Assemblées primaires ou autrement ? on sait trop combien ces formes , solennelles en apparence , offrent peu d'authenticité réelle. La meilleure de toutes les garanties pour une Constitution libre, en France , est d'une part dans l'état général de la civilisation , et de l'autre, dans les qualités personnelles d'un Prince également respectable par son âge et ses malheurs , par ses vertus et ses lumières. Que nous importe au reste que la France ait repris son antique bannière? N'est-ce pas la même autour de laquelle nos pères combattirent et s'illustrèrent tant de fois? Des couleurs nouvelles n'avoient été adoptées en 1789 , que comme signal d'une révolution , et pour le temps qu'elle devait durer. Aujourd'hui la révolution est terminée ; un ordre de choses stable a succédé à nos longues agitations ; et la liberté publique repose sur la meilleure des bases , le gouvernement représentatif.

Ce que nous avons désormais le plus à craindre, ce sont nos soupçons jaloux , nos exagérations , nos propres excès ; c'est cet esprit de parti, vrai fléau de toute société , qui naît des révolutions, qui les prolonge et leur survit quelque temps ; c'est surtout, on ne saurait trop le répéter, cet esprit odieux de réaction qui s'alimente également des haines publiques et des haines privées ; qui, en exerçant des vengeances toujours sans honneur quand elles sont sans résistance , appelle des vengeances toujours nouvelles ; et qui, lorsque la patrie en pleurs réclame la réunion de toutes les volontés et de tous les efforts, ne tend qu'à nous affaiblir en nous divisant. Ils seraient donc bien coupables, ceux qui , pouvant exercer une influence salutaire sur les opinions et sur les sentimens , ne feraient que les aigrir , au lieu de chercher à les calmer et à les concilier !

Le Roi est convaincu que la France ne peut être heureuse qu'avec une sage liberté. Il met toute sa gloire à la consolider ; et n'est-ce point à lui que nous en devons le premier usage ? ? Abjurons des ressentimens qui affligent son cœur , et que ses royales

vertus condamnent. Je les ai entendues, ces paroles pleines de sagesse et de bonté , que Sa Majesté adressa aux Représentans de la nation, le premier janvier 1815, dans cette même salle du trône , où , à pareil jour de l'année précédente , l'ex-Empereur les avait outragés ! Elles ne sauraient être trop connues ni trop répétées :

« En retournant dans vos départemens , dites à tous
» les Français que vous avez vu leur père ; qu'il s'oc-
» cupe sans cesse de leur bonheur. Rappelez-leur la
» fable de La Fontaine, sur la nécessité de l'union : je
» désire que tous les Français ne forment qu'un fais-
» ceau , et j'ai voulu que la Charte constitutionnelle
» en fût le lien. » Ces paroles étaient dignes d'un bon Roi et d'un sage.

Telle est l'histoire de la Chambre des Représentans. Mon objet , dans ce travail , n'était point de faire son apologie ; mais de prouver qu'elle a racheté par quelque bien les fautes ou les inconsidérations qu'elle aurait commises ou laissé commettre. Elle ne dut son existence passagère , qu'aux dangers de la patrie ; elle n'avait de mission que pour en diminuer les maux ; elle devait maintenir l'ordre dans le désordre , le règne des lois dans l'interrègne de la puissance. Mais combien cette tâche était-elle difficile à remplir ! Réunie en des temps si orageux, composée d'élémens si variés ou même si contraires ; ne connaissant point encore ses propres membres ; n'ayant point encore de règle pour ses délibérations ; froissée d'ailleurs par la guerre civile , par la guerre étrangère la plus extraordinaire qui fut jamais , et par la fureur des partis qui s'entrechoquaient jusques dans son sein , pouvait-on espérer qu'elle offrirait toujours le spectacle du calme , de la modération et de la sagesse ?

D'après un tel concours de circonstances , il était aisé de prévoir qu'elle serait jugée avec beaucoup de sévérité ; mais devait-on le faire avec tant d'amertume? Cette sévérité prévue était peut-être une raison de savoir quelque gré à une grande masse d'hommes estimables, également attachés au Roi et à leur pays, qui s'imposèrent d'y assister comme on s'impose un service public dans des momens de danger ; et dont plusieurs n'y ont siégé que tant qu'ils ont pu croire que leur présence y serait utile. Il ne faut pas juger d'une Assemblée par quelques noms trop marquans, ni par les discours de quelques orateurs ardens ou passionnés, ni même par quelques écarts , fruit des cisconstances , mais par l'ensemble de ses opérations.

Celle dont il s'agit renfermait sans doute plus d'un républicain d'opinion ; mais , autant que j'en ai pu juger , tous eussent été soumis au gouvernement légitime et libéral des Bourbons. En général, la très-grande majorité de cette Assemblée était composée d'amis sincères d'une liberté sans licence , du Roi et de la Patrie; c'est-à-dire , de la monarchie *héréditaire et constitutionnelle.* Bonaparte n'y avait aucun véritable partisan , si ce n'est peut-être dans un petit nombre d'hommes qui lui étaient attachés par la reconnaissance ou par des vues particulières d'ambition ; et ce sentiment universel d'indisposition contre lui tenait surtout à la haine de son despotisme. Combien aussi fut-elle à remarquer, cette espèce d'unanimité avec laquelle il fut forcé d'abdiquer pour la seconde fois, un trône qu'il venait d'usurper ?

La Chambre des Représentans n'eût-elle que rendu cet important service à la France ; je ne puis douter qu'on ne lui en tienne compte un jour, lorsqne, les factions étant apaisées, on pourra la juger avec plus de calme. Mais on lui doit encore , ou au gouvernement provisoire qu'elle avait institué, 1° d'avoir maintenu l'ordre dans la Capitale au milieu de toutes les agitations des partis et des tumultes de la guerre, et de l'avoir préservée des horreurs d'un siége ou d'une bataille livrée à ses portes; 2° d'avoir, par une honorable capitulation , sauvé les restes précieux de notre armée, et d'avoir ainsi fixé l'invasion de l'étranger sur les rives de la Loire; 3° d'avoir préparé sans crise nouvelle et sans violence , quoiqu'à travers quelques mesures irrégulières , l'heureux passage à l'ordre actuel, que Dieu daigne rendre enfin stable et plus heureux !

Paris , 20 Août 1815.

D. V. P.